ÉGLISE SAINT-MÉDARD DE PARIS

19 Juin 1889.

MARIAGE

DE M. ARSÈNE DEMOUY

NOTAIRE A ROYE (SOMME)

AVEC

Mlle CÉCILE ROCHER

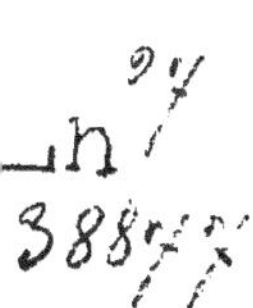

DISCOURS

DE M. DECROIX

CURÉ-DOYEN DE ROYE

MONSIEUR,

En venant, avec M. votre père, m'inviter à bénir votre mariage, vous avez bien voulu me demander de vous rendre un service important; c'était un piège innocent tendu par l'amitié, et je me suis laissé prendre, je l'avoue, parceque je ne saurais rien refuser à l'une des meilleures et des plus honorables familles de ma paroisse, qui a bien voulu m'associer à toutes ses joies et à toutes ses tristesses ; rien refuser à son digne chef, qui m'a toujours honoré, depuis bientôt vingt-cinq ans, de sympathies et d'amitié que j'ai mieux appréciées encore pour les avoir retrouvées pendant quatre ans sous la forme du concours le plus dévoué dans l'exercice de ses fonctions de Maire ;

rien refuser à votre excellente mère, modèle de la femme chrétienne, de la femme d'intérieur, qui a su inspirer à ses enfants un véritable culte pour elle ; rien refuser à leurs fils qui, à côté de leur attachement profond pour leurs père et mère, de leur amitié réciproque, m'ont gardé, depuis leurs plus tendres années, une large part de respect et de confiance ; rien refuser non plus, Mademoiselle, à ces parents, à ces oncles et tantes devenus mes paroissiens et nos concitoyens, dont les attentions et la bienveillance à mon égard m'autorisaient à deviner et à interpréter les intentions et les désirs. Les satisfactions qu'ils m'en ont témoignées depuis m'ont bien prouvé que je ne m'étais pas trompé. Voilà pourquoi, Monsieur et Mademoiselle, j'ai consenti à ce que l'on a bien voulu appeler un service, mais que j'appelle, moi, un honneur et un bonheur : un honneur, parce que rien ne vous était plus facile que de vous adresser à l'un des membres de ce clergé d'élite ; vous n'auriez eu que l'embarras du choix; la préférence que vous avez voulu m'accorder est un honneur auquel je n'avais d'autre titre que celui de votre amitié et de vos prévenances... Un bonheur, parce que pour le prêtre, bénir, c'est toujours un bonheur ; parce que rien n'est plus doux, n'est plus consolant que de bénir ceux que l'on aime... Bénir, en effet, c'est appeler sur des êtres qui nous sont chers, sur leur personne, sur leur avenir, le regard de Dieu, sa protection, sa grâce, sa lumière, sa force, sa divine influence, pour rendre leurs vies et leurs âmes fécondes en toutes sortes de bien.

Je bénirai donc vos jeunes années et cette nouvelle période de la vie, qui va s'ouvrir pour vous, et où les pensées deviennent plus sérieuses, où le cœur se fixe, où les grands devoirs de l'homme et du chrétien apparaissent avec toute leur importance et leur sainteté.

Vous allez jeter les fondements d'une nouvelle famille; or, la famille, qu'est-ce?... Un petit monde dans le grand, une petite humanité dans la grande. On a donné à la famille, à ce petit royaume de la fidélité, de l'affection et de l'amour, de la tendresse et du respect, un nom qui en exprime à lui seul toute la sainteté et le caractère sacré; on l'a appelée : Le sanctuaire domestique! Véritable sanctuaire, en effet, que les époux doivent édifier de concert, où chacun apporte et met en commun, avec la fortune matérielle, figurée par la pièce de mariage que je vais vous remettre, la fortune morale, ses lumières, son courage, ses labeurs, ses joies, son cœur et tous les trésors de sa foi et de son âme; où s'abrite et se conserve, à travers les vicissitudes et les années, l'amour pur, le dévouement, le sacrifice, la patience, le support mutuel, et où l'on porte à deux, comme une chose sacrée, le poids de la vie avec tous ses devoirs et ses exigences.

Voilà, Monsieur et Mademoiselle, le sanctuaire

que vous allez fonder et dont je bénirai aujourd'hui les premiers rudiments et comme la première pierre, afin qu'ensuite il s'élève par vos mains jusqu'au Ciel.

Avec cet anneau, mystérieux emblème de votre union et de votre fidélité, je bénirai encore vos affections, afin qu'elles ne deviennent pas, comme tant d'autres, hélas! d'éternelles qu'elles étaient la veille, éphémères, inconstantes et fugitives le lendemain.

Ce qu'il y a de plus difficile dans l'affection, ce n'est pas d'aimer au commencement, mais d'aimer jusqu'à la fin. C'est par là, dit l'apôtre de la Charité, que l'amour de l'Homme-Dieu a surpassé l'amour humain : *Cum dilexisset suos qui erant in mundo, usque in finem dilexit eos :* Jésus après avoir aimé les siens, pendant qu'ils étaient avec lui, les aima jusqu'à la fin. Le difficile pour les époux, ce n'est pas non plus de s'aimer d'abord, mais de s'aimer toujours, dans l'âge mûr, dans la vieillesse surtout, de s'aimer malgré les rides, malgré les infirmités, de s'aimer jusqu'à la fin : *Usque in finem.*

Je n'oublierai même pas de bénir vos peines. Sans doute, je fais des vœux avec tout ce qui vous aime pour que Dieu écarte de votre union tout ce qui pourrait l'attrister, et que tous vos jours soient des jours tissés de soie et d'or.

Mais si l'amitié et la religion n'ouvraient à vos yeux que des horizons toujours sereins, et si votre imagination ne vous peignait jamais qu'un ciel d'azur au-dessus de votre existence conjugale, vous ne tarderiez guère à vous heurter à d'amères déceptions et à de cruels mécomptes. La plus heureuse vie a ses jours sombres et ses heures d'angoisse, la somme des peines y égale au moins celle des joies et des plaisirs. Si bien que nous composions notre existence, rien ne peut nous en affranchir. La religion elle-même les explique et les adoucit, mais elle ne nous en exempte pas. L'homme est un condamné banni du Ciel; il ne peut y rentrer que par l'expiation et le mérite qui naissent du sacrifice et des épreuves. Je bénirai donc vos peines, pour qu'elles soient utiles et méritoires; qu'elles servent à vous détacher de ce qui passe et à élever vos regards et vos aspirations plus haut.

Avec l'Eglise, je bénirai aussi vos mains, Mademoiselle, afin qu'elles soient des instruments dociles pour les bonnes œuvres, et qu'elles ressemblent aux mains de la femme forte, dont l'Esprit-Saint a dit : elle a mis la main aux œuvres fortes et vaillantes : *manum suam misit ad fortia.*

Après une telle expression, nous devons nous attendre à quelque grande chose, à quelque puissant instrument; non, il s'agit tout simplement du fuseau et de la laine; *digiti ejus apprehenderunt fusum,* de ce qu'il y a de plus modeste et de plus obscur.....

Ces bénédictions, je les appellerai d'autant plus

volontiers sur vous que, j'en ai l'assurance, elles ne tomberont pas à faux, et qu'elles rencontreront dans vos âmes des éléments capables d'en assurer la fécondité et la durée... D'une part, Monsieur, une nature droite et loyale, une âme bien douée, une intelligence cultivée, une volonté ferme et constante, une éducation franchement chrétienne, reçue de maîtres habiles qu'il est facile de supprimer, mais qu'il n'est pas si aisé de remplacer, encore moins de surpasser dans l'art d'élever les jeunes gens et de les armer pour les luttes de la vie ; et, comme preuve à l'appui, comme fruit de cette éducation, une jeunesse que le monde n'a guère vue dans ses réunions, dans ses conciliabules ; une jeunesse qui n'a point dévié de la ligne du devoir ; une jeunesse sérieuse, laborieuse, partagée entre les joies el les affections de la famille et les labeurs qu'exigeait l'étude patiente et aride du droit, de ses difficultés pratiques et des applications variées que le notaire est appelé à en faire dans le cours de sa carrière.

Grâce à votre maturité précoce, à l'énergie opiniâtre de votre volonté, grâce enfin à la régularité exemplaire de votre conduite, vous avez vaillamment surmonté ces difficultés et ces fatigues, et vous avez atteint le but que vous poursuiviez depuis de longues années. En prenant la succession de M. votre père, vous avez reçu de lui plus qu'une étude, il vous a légué un précieux héritage d'honneur et de prospérité, des traditions de loyauté qui lui ont valu, avec la confiance des familles, le titre envié de Notaire Honoraire. Tandis que d'autres, à leur début, ont à créer ou à relever, vous n'aurez, vous, Monsieur, qu'à continuer. Et puis, appelé par vos fonctions à donner aux conventions, aux engagements des hommes entre eux, une forme, une expression, une direction ; à mettre leurs volontés changeantes sous la sauvegarde de la loi et de la parole donnée, vous élèverez plus haut vos pensées, et vous songerez aux promesses et aux engagements bien autrement sacrés que vous contractez en ce moment, et que la mort seule aura la puissance de rompre. Jeté chaque jour par l'exigence, la multiplicité des affaires hors de votre intérieur, absorbé par le souci et la préoccupation des intérêts qui vous seront confiés, vous sentirez plus vivement le besoin de rentrer dans l'intimité conjugale pour y détendre votre esprit, y puiser des joies pures, y retremper votre âme aux vraies sources du bonheur.

Ce sera la première récompense de votre jeunesse, des travaux et des vertus qui l'ont remplie, de trouver ces joies et ce bonheur auprès de l'épouse que Dieu va vous donner.... Je dis bien, avec l'Esprit-Saint : donnée par Dieu ; car si les richesses, la situation, le nom, sont une largesse des parents, pour continuer le langage de l'Écriture ; si la fortune est plus ou moins une conquête que Dieu abandonne à notre intelligence, à

notre activité et à nos labeurs, une épouse est un don qu'il se réserve de faire lui-même et dont il garde l'exquise saveur à ses privilégiés. Et parce que Dieu vous la destinait, il la préparait. Il la préparait dans le secret de la famille, à l'ombre du foyer, sous le regard vigilant d'une mère dévouée, sous l'influence de ses exemples, bien plus encore que par ses leçons ; il la préparait par les dons de la nature et de la grâce dont il l'avait ornée, et qu'une éducation éminemment chrétienne venait développer et perfectionner encore ; par la distinction et l'élévation de ses sentiments, la douceur, l'aménité et le sérieux de son caractère, par le charme de la piété qui convient à tous, mais qui sied mieux encore à la vierge et à l'épouse ; par sa pratique des devoirs domestiques et des soins de l'intérieur, une assiduité de tous les instants auprès d'une mère tendrement aimée, rivalisant de déférence et de piété filiale avec une sœur chérie, pour consoler son veuvage prématuré.

Votre modestie s'étonne, Mademoiselle, de m'entendre m'exprimer ainsi sur votre compte. Bien qu'étrangère au pays que j'habite, vous n'y êtes pas inconnue. Votre réputation vous y a devancée, apportée, propagée par des bouches compétentes, et dont je ne suis en ce moment que l'interprète bien imparfait, l'écho bien affaibli. On a dit qu'en fait d'éloges les meilleurs sont ceux que personne ne demande, parce que tout le monde les fait.

Ces qualités, ces vertus, Mademoiselle, vous allez les porter au loin pour fonder une nouvelle famille et en les faisant servir à embellir et à charmer l'existence de celui que vous allez épouser, vous procurerez à la mère que vous aurez quittée la plus douce consolation qu'elle puisse envier pour adoucir les regrets de la séparation et de l'absence. C'est toute la reconnaissance qu'elle demande pour les soins, l'affection, la sollicitude et le dévouement qu'elle a prodigués à vos jeunes années.

Et puis vous ne serez pas en pays étranger ; vous retrouverez là des membres et des alliés de votre famille, occupant des positions honorables, en réputation d'intelligence et de travail, jouissant à bon droit de la considération et de l'estime de leurs concitoyens et qui se feront un plaisir, un bonheur d'élargir leur foyer, d'agrandir le cercle de leur famille, pour vous y accueillir et vous y choyer.

A côté et presque sous le même toit que le vôtre, vous trouverez un second père et une nouvelle mère, tous deux riches de cœur et de dévouement, et se sentant encore assez d'affection pour en donner une large part à l'épouse de leur fils.

Si je l'osais, j'ajouterais : vous trouverez là une paroisse toute fière de l'appoint que vous voudrez bien lui donner, et un pasteur tout heureux de compter une brebis fidèle de plus dans le bercail confié à ses soins, et de pouvoir mettre à votre service les efforts de son zèle et le fruit de son expérience.

Et maintenant, c'est assez, c'est trop avoir retardé l'heureux moment où vous allez vous donner l'un à l'autre. Je finis en exprimant au nom de vos familles, de ces amis, de cette nombreuse et sympathique assistance, en mon propre nom, ce simple vœu qui les résume tous ; que Dieu, que le Christ, au nom duquel je vais vous bénir, soit toujours entre vous et avec vous ! entre vous pour affermir et cimenter l'union de vos cœurs ! avec vous ce matin pour accepter votre promesse nuptiale, et y apposer le sceau de son éternité ! avec vous, demain, quand vous vous retrouverez en face des préoccupations et des vicissitudes de la vie ! avec vous dans la postérité bénie qui naîtra de vous ! avec vous dans la société pour lui offrir l'exemple d'une famille telle que la religion sait les créer ; d'une famille où l'on sait se dévouer parce que l'on sait aimer ; d'une famille antique et moderne tout à la fois ; antique par la foi et les mœurs, moderne par l'intelligence des temps nouveaux et des devoirs que ces temps imposent ! avec vous pour le temps et l'éternité.

Ainsi soit-il.

18904. — Paris. F. Levé, imp. de l'Archevêché, rue Cassette, 17.

www.ingramcontent.com/pod-product-compliance
Lightning Source LLC
LaVergne TN
LVHW012022170826
845678LV00004BA/1603

* 9 7 8 2 3 2 9 6 3 0 5 7 1 *